皇冠海岸 99

在北海岸
要做的 99 件事

北海岸でしたい 99 のこと

小林賢伍 文字・攝影
KENGO KOBAYASHI

林嘉慶——譯

U0022114

關於皇冠海岸觀光圈

About Crown Coast Tourism Union
皇冠海岸観光エリアに関して

　　「皇冠海岸」係指一條橫跨臺灣新北市的海岸線，涵蓋五股、八里、淡水、三芝、石門、金山、萬里以及基隆。臺灣島嶼的形狀，有時被比喻為鯨魚，而這片面向大海的皇冠海岸，也被稱為「戴在臺灣頭頂上的皇冠」，故得其名。再加上在日本也頗具知名度的「野柳女王頭」，擁有臺灣代表性景觀的北海岸地區，總吸引來自世界各地的人們前來造訪。

　　皇冠海岸從船舶起訖的海上玄關口——基隆港開始，到當日就能來回輕鬆體驗登山樂趣的觀音山，以及最北端的富貴角燈塔，和以春季風情畫美景著稱的老梅石槽等，涵蓋許多享譽國內外的知名景點。不僅如此，這裡還擁有特殊的地質景觀和人文歷史資源，如「夕陽城鎮 · 淡水」、「奇岩大地 · 野柳」、「與海洋及地層共生的島嶼 · 和平島」等。皇冠海岸是擁有多樣化特色與魅力的寶庫，確實是「下次來臺必訪的重點區域」。這部作品以「在皇冠海岸要做的 99 件事」為題，拍攝記錄臺灣的皇冠之美。

　「皇冠海岸」は台湾の新北市に跨る、五股、八里、淡水、三芝、石門、金山、萬里から基隆までと続く海岸線を指しています。台湾の島の形は時に、鯨などに例えられますが、この海に面した皇冠海岸は、「台湾の上にのせられた王冠」とも評され、この文字が選ばれました。日本でも比較的知名度がある「野柳の女王頭（クイーンズヘッド）」も、これに加わり、台湾を代表する景観がある北の大地として、世界からの人々を歓迎しています。

　皇冠海岸には船の玄関口である基隆港を始め、日帰りで登山が楽しめる観音山や最北端の富貴角灯台、春の風物詩と知られる老梅石槽（日本語読み：ろうばいせきそう）などの国内外から知られる見所のほか、「夕暮れの町・淡水」、「奇岩の大地・野柳」、「海と地層と生きる和平島」といった特殊な地質景観や人文歴史資源を備えています。皇冠海岸は、まさに、多元的な特色と魅力を有している「次に来る台湾の注目エリア」の宝庫なのです。今作品では、「皇冠海岸でやりたい 99 のこと」とテーマを掲げ、台湾の王冠を撮影してきました。

旅行作家・攝影師｜旅行作家・写眞家
Kengo Kobayashi 小林賢伍

CONTENTS 目次

B SANZHI 三芝 · SHIMEN 石門 · JINSHAN 金山 · WANLI 萬里 86

◎ 正北方位，人們會想起什麼呢？ | 北の方角に、人は何を思う？　　88

◎ 新芽 | 新芽 186

◎ **下一個地方你想去哪裡呢？** 238

淡水

　　淡水位於臺北盆地的西北部，是座充滿豐富高山和河川風情的美麗城鎮。淡水以前被稱為「滬尾」，這是由原住民語音譯而來的，據說原意是河口。如今仍保存於淡水的「紅毛城」，擁有超過 300 多年的悠久歷史，目前被指定為國家一級古蹟，因長時間被英國人租用，直到 1980 年才真正歸還給臺灣。

　　沿著河岸的老街漫步，一邊欣賞保存完好的樸實建築，一邊品嘗淡水各處的在地特有小吃，如：魚丸、阿給、鐵蛋等。這正是充滿自由開放感的臺灣與淡水的魅力所在。若要前往碼頭欣賞夕陽，推薦您前往「淡水漁人碼頭」，那裡能體驗到令人心曠神怡的海風與南國風情。

TAMSUI

　　淡水は台北盆地の西北部に位置しており、山と川の風情豊かな美しい街です。淡水は以前は「滬尾（こび）」と呼ばれていました。原住民が話す言葉を文字にしたものですが、もとは河口という意味だったようです。現在も淡水に残っている 300 年余りの長い歴史を持つ「紅毛城」は、現在国家遺跡に指定されています。長い間、英国人に租借され、1980 年になってようやく本当の意味で台湾に返還。

　　川岸の町並みに沿って、昔のままの素朴な建物を観賞したり、魚だんご、厚揚げ、ゆで卵など淡水ならではのＢ級グルメを食べ歩く。それは、開放感溢れる台湾と淡水の醍醐味。船乗り場に行き、夕暮れを観賞するなら、心地の良い海風と南国の雰囲気が味わえる「淡水漁人碼頭」をお勧めします。

觀音山（八里）

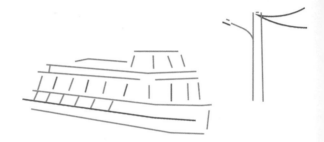

　　觀音山座落在淡水河西岸，主要山脈位於新北市五股區與八里區之間，乃是一座年輕的休火山，由淡水、關渡一帶遠眺，仿若一尊仰躺觀音之勢而得名。全年可觀賞大冠鷲、鳳頭蒼鷹等留鳥，或於每年 4 ～ 5 月觀察灰面鵟鷹、赤腹鷹等候鳥遷移，種類之多更勝南臺灣的墾丁，所以每年都會有賞鳥愛好者聚集於此，捕捉各種珍貴鳥類的蹤影。此外，淡水河南岸至觀音山麓的沙丘平原一帶，發現距今 1,000 至 6,000 年前人類生活痕跡，且陸續有多處遺址被發現，透過考古學的觀察研究，可瞭解先民生活、文化與環境變遷間關係。

GUANYINSHAN

(BALI)

　　観音山は淡水河西岸に位置しており、主要な山脈は新北市五股区と八里区の間に位置し、若い休火山です。淡水や関渡一帯から遠望すると、まるで観音様が横たわっているように見えるので、この名前が付けられました。一年を通じて見られるのはオオカンムリワシやカンムリオオタカなどの留鳥で、毎年 4 ～ 5 月はサシバ、アカハラダカなどの渡り鳥を観察できます。種類は南台湾の墾丁よりも多く、毎年大勢の野鳥愛好家がここに集まり、珍しい鳥類の姿を写真に収めています。このほか、淡水河南岸から観音山の山麓までの砂丘平原一帯には 1000 年から 6000 年前の人類の痕跡が発見されています。今も続々と遺跡が発掘されており、考古学の観察や研究を通して、昔の文化、環境の変遷などを理解することができるようになっています。

五股

　　五股隸屬於新北市,著名的「新北大都會公園(五股生態園區)」設有 20 公里的環狀自行車道,施行人車分道,能從不同的視角體驗旅行的樂趣。在濕地除了可以觀賞到招潮蟹、水鳥及在天空翱翔的老鷹,還可以走訪廟宇,體驗信仰的聖殿。在公園散步或運動,享受綠意盎然的自然氛圍,也是一個不錯的選擇。

WUGU

五股は、新北市に属し、有名な「新北市大都会公園（五股生態園区）」には歩道と車道が分かれた 20km の環状サイクリングロードをはじめ、さまざま視点から旅の体験ができます。湿地帯ではシオマネキや水鳥、空を飛ぶ鷹を観賞できる他、廟を訪れて信仰の聖堂を体験しましょう。公園で散歩や運動し、緑の自然の雰囲気を楽しむのもいいでしょう。

三芝

　　來到三芝，戲水、享受垂釣的樂趣，能更靠近大自然。不管是訴說著地方名人軼事的「名人文物館」、散落各地記錄著三芝農耕生態的「水車造景」，或是散發淡淡懷古思情的「農會倉庫」等等，都是不可錯過的旅遊重點所在。漫步淺水灣沙灘上，欣賞落日餘暉的美景，吸幾口帶有些許鹹味的海風，實為人生一大享受，相信三芝的藍天碧海，絕對是您進入北海岸前的浪漫起點。

SANZHI

　　三芝では、海遊び、魚釣りなどが楽しめるからこそ、大自然にぐっと近づくことができます。当地出身の有名人について紹介している「名人文物館」、三芝各地の農耕や生態を記録している「水車風景」、昔懐かしい「農協の倉庫」など、いずれも見逃せないスポットです。夕日が沈む浅水湾ビーチをゆっくり歩き、ちょっぴり塩味の海風を吸い込めば、人生における歓びを味わうことができるでしょう。三芝の紺碧の海と空は北海岸へのロマンチックな旅の出発点になることでしょう。

石門

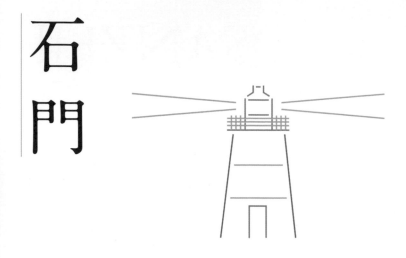

　　石門依山臨海，以優美的自然環境聞名，遼闊的海景、美麗的夕照，以及珍貴豐富的海岸潮間帶動、植物，成為北臺灣天然的生態教室。走訪石門，除了欣賞豐富的自然美景，千萬別錯過風味獨具的地方美食。提到石門代表性美食，就是老字號的「石門肉粽」，標榜獨家配方，使得淡金公路沿線粽味飄香。另外，也能品嘗當地現撈的美味海鮮，既新鮮又便宜，像是「富基漁港」就是著名的美食景點。

SHIMEN

　　石門区は山と海に面し、美しい自然環境で知られています。広々とした海景色、美しい夕日、珍しいものが豊富にある海岸の潮間帯など、北台湾における天然の生態教室となっています。石門を訪れたら、自然豊かな絶景を眺めるだけでなく、独特な風味をもつ郷土グルメもお忘れなく。石門を代表するグルメと言えば、老舗の「石門肉粽（チマキ）」です。独自の調理方法が自慢で、淡金公路沿線はチマキの香りが漂っています。当地ではとれたての美味しい魚介類が食べられます。新鮮で値段も安く、「富基漁港」のように、著名なグルメスポットもあります。

金山

金山緊鄰太平洋與臺灣海峽，舊名「金包里」，是北臺灣兼具自然資源與懷舊風情的好地方。金包里老街則是金山地方文化的起源，亦是目前臺灣少數老街之一。

著名的金山溫泉，日治時代便已開發，共有海底溫泉、鐵泉、硫磺泉、碳酸泉 4 種泉質。主要溫泉區分為「金包里溫泉」、「磺港溫泉」以及「萬里加投溫泉」三區，選擇多樣化。另外，老街內販售琳琅滿目的傳統小吃及地方美食，如：紅心甘藷和芋圓等，是相當值得推薦的美味食品，不妨利用週末假期前往金山，除了欣賞美麗海景、享受泡湯養生樂趣，還能遍嚐特色佳餚。

JINSHAN

　　金山区は太平洋と台湾海峡に隣り合わせ、昔は「金包里」と呼ばれていました。北台湾における自然と懐かしい風情の両方を備えた行楽スポットです。金包里の昔の町並みは金山地方の文化の発祥地であり、現在は台湾では数少ない老街の一つです。

　　有名な金山温泉は日本時代にすでに開発されていました。ここは海底温泉、鉄泉、硫黄泉、炭酸泉の4種類の泉質を擁しています。主要温泉エリアは「金包里温泉」、「磺港温泉」、「萬里加投温泉」といった3つのエリアに分かれており、選択肢も豊富。そのほか、老街にはさまざまな伝統的な軽食や郷土グルメが販売されています。例えば、紅心甘藷（サツマイモ）や芋圓（芋団子）など、おすすめの地方グルメです。週末や休日にはぜひ金山を訪れ、美しい海景色を眺め、温泉でリラックスし、特色ある料理を味わいましょう。

萬里

　　萬里因數百萬年前大屯火山爆發所堆積的石壘，多年來形成三面環山、單面臨海地形，海岸處處可見大海與火山共同創造的奇岩景觀。精心規劃興建的「萬金自行車道（萬里線）」，沿途綠樹成蔭，山光水色讓人心曠神怡，是民眾體驗單車運動的好地方，也是北臺灣享受森林浴的新選擇。

WANLI

萬里は数百万年前に大屯山の火山爆発により堆積した石が積み重なった地域です。長い歳月を経て、三面が山に囲まれ、一面が海に面した地形が形成されました。海岸のあちこちで、大海と火山が創り上げた奇岩景観を見ることができます。入念に整備された「萬金サイクリング道路（萬里線）」は、緑陰に囲まれ、山や海の景色に気持ちが晴れ晴れとするはずです。サイクリング体験にベストなスポットであり、また森林浴を満喫できる新しいスポットでもあります。

基隆

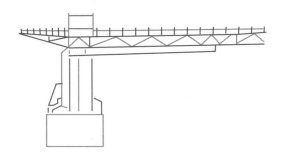

　　基隆市位於臺灣本島北端，原名「雞籠」，舊時係取「基
地昌隆」之義定名「基隆」。東、西、南三面環山與鄰近縣
市相鄰，僅北面一處有少量的平原迎向大海，自古即為深
水谷灣之良港。多樣精緻的「廟口小吃」、砲台與隧道、岬
角與灣澳、漁港和魚市，走訪徜徉其間，在在令人流連。

KEELUNG

　　台湾本島の北端に位置する基隆市は、元々「雞籠」と
いう名称でしたが、古くに「基地昌隆（繁栄の基地となる）」
と言う意味を持たせて「基隆」と改名されました。山に囲ま
れた東、西、南の三方は近隣の県市と隣接し、わずかに
平野があるのは北側のみで、大海に面しています。水深
が深く内陸に湾曲した地形であったため、昔から港に適し
た場所とされてきました。多種多様で優れた「廟口小吃」、
そして砲台とトンネル、岬と入り江、漁港と魚市場など、
離れがたく思うことでしょう。

【部分資訊摘自「交通部觀光署北海岸及觀音山國家風景區管理處觀光資訊網」】

Ⓐ **TAMSUI 淡水 · BALI 八里 · WUGU 五股**

① 三塊厝港灣
② 淡水無極天元宮
③ 第一漁港旁釣魚景觀平台
④ 淡水漁人碼頭
⑤ 木子家廚坊
⑥ 齊柏林空間
⑦ 第一漁港
⑧ 愛派烘焙坊
⑨ 輕軌台北海洋大學站
⑩ 麻吉奶奶鮮奶麻糬
⑪ 銀雙小吃
⑫ 家門 Kamon Cafe
⑬ 台北小奈良休閒農場
⑭ 之間 茶食器
⑮ 千手千眼觀世音菩薩聖像
⑯ ⑰ 將捷金鬱金香酒店
⑱ 淡水碼頭
⑲ 八里大眾廟
⑳ 八里十三行文化公園
㉑ 八里渡船頭老街
㉒ 觀音山遊客中心
㉓ 觀音山硬漢嶺
㉔ GARAGE Cafe'
㉕ 無名

Ⓑ **SANZHI 三芝 · SHIMEN 石門 · JINSHAN 金山 · WANLI 萬里**

㉖ 無名
㉗ 無名
㉘ 頂鶴專業麵線創始店
㉙ 對味生活 right way life
㉚ 三芝遊客中心
㉛ 三芝田心子
㉜ TERRA by the Sea
　　土然巧克力淺水灣店
㉝ 富福頂山寺
㉞ 麟山鼻木棧道
㉟ 麟山鼻漁港
㊱ 石門洞
㊲ 石門拱橋
㊳ 石門洞五龍宮
㊴ 乾華新十八王公廟
㊵ 劉家肉粽富基店
㊶ ㊷ 幸福雙心公園
㊸ 老梅迷宮
㊹ 富貴角燈塔
㊺ 老梅石槽
㊻ 無名
㊼ ㊽ 白日夢 Tea & Café
㊾ 7-ELEVEN 金全門市
㊿ 51 李芑豐古宅

石門
三芝
淡水
八里
五股

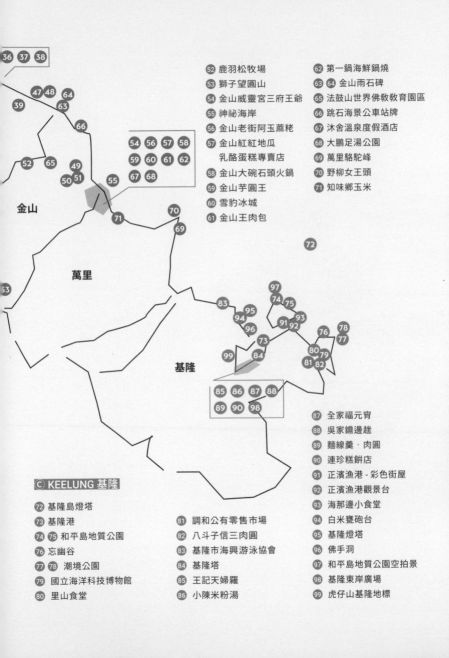

52 鹿羽松牧場
53 獅子望圓山
54 金山威靈宮三府王爺
55 神祕海岸
56 金山老街阿玉蔴粩
57 金山紅紅地瓜
　 乳酪蛋糕專賣店
58 金山大碗石頭火鍋
59 金山芋圓王
60 雪豹冰城
61 金山王肉包

62 第一鍋海鮮鍋燒
63 64 金山雨石碑
65 法鼓山世界佛教教育園區
66 跳石海景公車站牌
67 沐舍溫泉度假酒店
68 大鵬足湯公園
69 萬里駱駝峰
70 野柳女王頭
71 知味鄉玉米

金山

萬里

基隆

87 全家福元宵
88 吳家鑲邊趖
89 麵線羹‧肉圓
90 連珍糕餅店
91 正濱漁港 - 彩色街屋
92 正濱漁港觀景台
93 海那邊小食堂
94 白米甕砲台
95 基隆燈塔
96 佛手洞
97 和平島地質公園空拍景
98 基隆東岸廣場
99 虎仔山基隆地標

© KEELUNG 基隆

72 基隆島燈塔
73 基隆港
74 75 和平島地質公園
76 忘幽谷
77 78 潮境公園
79 國立海洋科技博物館
80 里山食堂

81 調和公有零售市場
82 八斗子信三肉圓
83 基隆市海興游泳協會
84 基隆塔
85 王記天婦羅
86 小陳米粉湯

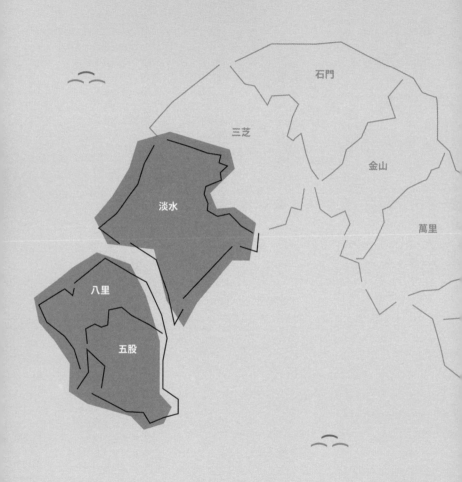

石門

三芝

金山

淡水

萬里

八里

五股

TAMSUI 淡水 · BALI 八里 · WUGU 五股

基隆

我的恩師所在的城鎮

——僕の恩師がいる町

　　那年，我拖著行李箱、背著背包，開始在臺北生活。當時我的中文還僅限於打招呼的程度，路上經過一家永和豆漿的老闆娘會說流利的日文。我問她喜歡的地方是哪裡，她回答我「淡水」。這讓我想起，我臺北的朋友好像曾開玩笑道：「淡水比沖繩還遠。」

　　搭乘縱貫臺北的捷運紅線能看到觀音山。視野內的河川和天空逐漸廣闊。讓自己雀躍不已的旅遊心情平靜下來，悠然地欣賞窗外不停變換的風景。

　　淡水隨季節與時間不同，會展現出多變的樣貌。因此，即使在同一個地方架設角架拍攝，透過鏡頭所映照出的風景都不盡相同，讓我愛不釋手。我每次前來必定會順道造訪的地方，就是能同時拍攝到夕陽與觀音山的「第一漁港」及「淡水碼頭」，還有收藏電影《看見台灣》導演作品的「齊柏林空間」一帶。若朋友說：「我還能走！」

那麼我很推薦擁有美麗純白外觀的「將捷金鬱金香酒店」後方的「滬尾砲台」和「大樹書房」這兩處地方。

　　不知爲何，即使站在淡水河前，也不覺得這裡是路的盡頭。這裡與其說是被海隔開，更像是大海將未知的島嶼連結在一起。如果跟隨候鳥的腳步，眼前可能會擴展出一片未知的世界。這裡，並非是臺北的盡頭，而是繼續通往北海岸的入口。

　　ある年、キャリーバック一つとリュックサックを背負い、台北で暮らし始めた。まだ、挨拶程度の中国語しか話せなかった頃、立ち寄った永和豆漿のおばあさんが流暢な日本語を話した。好きな場所を聞いたら「淡水だ。」と教えてくれた。そういえば、台湾の友人は、「淡水は、沖縄よりも遠い。」って、冗談を言ってたっけ。

　　台北を横断する眞っ赤な路線から観音山が見えてくる。川と視界に広がる空が広くなってくる。ワクワクする観光気分を落ち着かせ、静かに流れていく風景を楽しむ。

　　淡水は、季節や時間帯によって、表情が次々と変わる。だから、同じ場所にで三脚撮影しても、その都度フィルターに映る風景が異なり、僕の心を手放さない。僕が毎回必ず立ち寄るのは、夕陽と観音山が撮影できる

「第一漁港」と、「淡水海關碼頭」、そして、映画『看見台湾（日本語：天空からの贈り物）』の撮影監督の作品が残る「齊柏林空間」あたりだ。「まだ歩ける！」と友人が言えば、眞っ白な外観が美しいゴールデンチューリップ FAB ホテル裏手にある「滬尾砲台」と「大樹書房」は、僕が紹介したい場所だ。

　淡水の運河を前に立っても、なぜか行き止まりという感じはしない。海によって隔たれているというより、海によって、まだ見ぬ島が繋がっているような気がするからだ。渡り鳥たちの後ろを追っていけば、まだ見ぬ世界が広がっていくのかもしれない。ここは、台北の果てではなく、北海岸へと続く入り口なんだ。

01

記錄北海岸難以忘懷的回憶。
北海岸で忘れられない思い出を記録する。

02

在盛開的櫻花下賞景怡情。
満開の桜を愛でる。

●**淡水無極天元宮**・251 新北市淡水區北新路三段 36 號

03

以觀音山爲背景，捕捉臺灣原住民的英姿。
観音山をバックに、台湾原住民の勇姿を捉える。

●第一漁港旁釣魚景觀平台 · 251 新北市淡水區中正路 249 號

04

一個人造訪約會的景點。
デートスポットに一人で訪れる。

● **淡水漁人碼頭** · 251 新北市淡水區觀海路 199 號

05

在淡水的隱藏名店品嘗全餐。

淡水の隠れた名店で、フルコースを味わう。

●**木子家廚坊**・251 新北市淡水區淡海路 245 之 1 號（建議事先預約）

06

和家人一起造訪淡水的齊柏林空間，去向齊柏林
導演致意。

●**齊柏林空間**・251 新北市淡水區中正路 316-1 號

家族たちとチーポーリン監督に挨拶するため、淡水のチーポーリン空
間を訪れる。

07

漫步在傍晚時分的第一漁港。
夕暮れ時の第一漁港を散歩する。

●**第一漁港**・251 新北市淡水區中正路 25 巷

08 我太過喜愛，喜愛到不想介紹給其他人知道的名店，藉此機會介紹一下。

●愛派烘焙坊・251 新北市淡水區新市三路二段 321 號

僕の愛が深すぎて、人に紹介したくない名店をこの機会を使って紹介する。

09

在等待輕軌的空檔吃當地人喜愛的麵包。
地元に愛されるパンを、路面電車の待ち時間に食べる。

●**輕軌台北海洋大學站**‧濱海路三段與新民街一段交叉路口東側

10

品嘗入口即化的麻糬，讓麻糬融化身心靈。

とろけるお餅を味わい、とろける。

麻吉奶奶鮮奶麻糬 · 251 新北市淡水區中正路 220 號

11

在一人經營的無菜單餐廳中，感受老闆娘的熱情。

メニュー無しのお店で、一人で切り盛りするお母さんの愛情を感じる。

●銀雙小吃 · 251 新北市淡水區淡金路四段 539 號

12

尋找淡水的祕密基地。

淡水の秘密基地を見つける。

● **家門 Kamon Cafe** · 251 新北市淡水區下圭柔山 122 號

13

在具備「清潔、無臭、人情味」三項特點，無論小朋友或大人都能玩得愉快的動物園中，重拾純真的心。

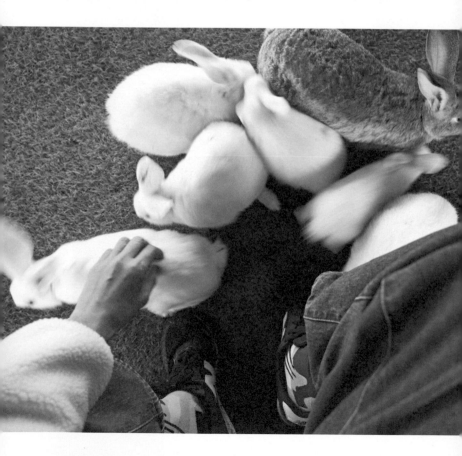

●台北小奈良休閒農場・251 新北市淡水區石頭厝 3 號之 8

「清潔、無臭、人情味」の三拍子がそろった、子供も大人も楽しめる動物園で純粋な心を取り戻す。

14

每回去淡水都會預約的創意料理餐廳，這次又要再
去打卡一次。

●**之間 茶食器**・251 新北市淡水區中正路 330 號

淡水を訪れる度に必ず予約する創作レストランに再びチェックインする。

15

被莊嚴宏偉的千手觀音像所震撼。

千手観音の大きさに圧倒される。

● **千手千眼觀世音菩薩聖像** · 251 新北市淡水區頂田寮路 1000 號

16

在淡水最喜歡的飯店床上，躺成大字型，大口深呼吸。
淡水で最も好きなホテルのベッドで大の字になり、深呼吸する。

●**將捷金鬱金香酒店** · 251 新北市淡水區中正路一段 2-1 號

17

大口咬下日本超流行的巨大帶骨漫畫肉。
日本で大流行している巨大マンガ肉にかぶりつく。

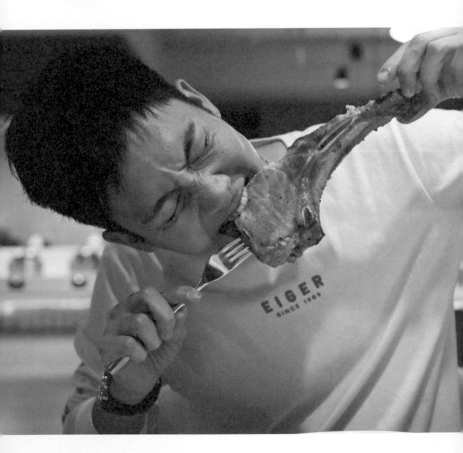

●**將捷金鬱金香酒店**・251 新北市淡水區中正路一段 2-1 號

18

從淡水搭乘小船橫渡淡水河前往八里。
淡水から八里を小舟で横断する。

●淡水碼頭 · 251 新北市淡水區中正路 11 巷 6 號

19 在寺院參拜。
寺院に参拝する。

八里大眾廟‧249 新北市八里區龍米路二段 200 巷 5 號

20

在八里大喊「I Can Fly」。
八里で「I Can Fly」と叫ぶ。

●**八里十三行文化公園** · 249 新北市八里區挖子尾街 111 號

●八里渡船頭老街 · 249 新北市八里區渡船頭街

22

挑戰登上能臺北市當天來回的觀音山山頂。
台北市内から日帰りで挑戦できる観音山に登頂する。

●**觀音山遊客中心**・248 新北市五股區凌雲路三段 130 號（登山口附近）

79

23

與狗狗一起克服登山的疲憊。

犬と共に登山の疲れと戦う。

●**觀音山硬漢嶺** · 248 新北市五股區凌雲路三段
（硬漢嶺登山步道入口 25.128372, 121.424322）

24

在山丘上的時尚空間裡享用巨大蛋包飯。
丘の上にあるおしゃれな空間で、巨大オムレツを食べる。

● **GARAGE Cafe'**・249 新北市八里區老阡坑路 30 號

25 發現好像還鮮為人知的八里祕境。
誰も知らないような八里の秘境を発見する。

●**無名**・249 新北市八里區（25.146942, 121.427277）

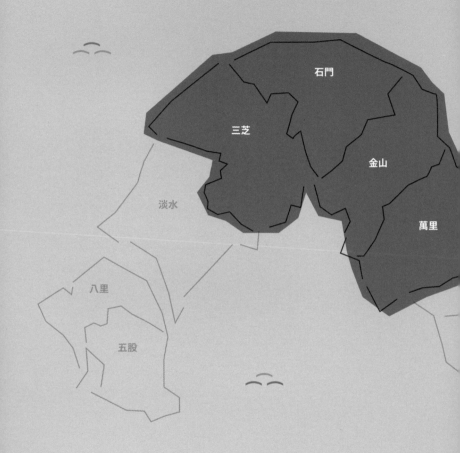

石門

三芝

金山

萬里

淡水

八里

五股

(B)

基隆

正北方位，人們會想起什麼呢？

——北の方角に、人は何を思う？

　　說來唐突，但讓我意識到正北方位是因爲音樂——
美國的兄弟樂團「We Three」／〈Heaven's Not Too
Far〉。他們的母親被醫生診斷出罹患癌症，並宣告只剩
4 個月生命，在離世前親手寫下的文字，成爲了這首歌的
歌詞：「I'm in a hurry, I've got to move up north（我已
時日無多，我卽將前往北方）」（但無法查證北方是指美
國某州的地區，或只是個人觀點）。

　　人去世後會去北方嗎？如果前往北方，或許就能和以
前別離的朋友，或是爺爺奶奶見到面了。我的「北方」，
從聽了那首歌之後發生了改變。

　　我在臺灣的語言學校上課時，和同學們決定拋開隔天
的作業，開車前往最北端的「富貴角燈塔（石門）」。都
市的路燈漸漸變少，我們在冷冽的海風吹拂下，觀察星
星。大熊座的 7 顆星星 · 北斗七星。其中，沒有特定的

星名，在天空中總是最靠近北極的亮星，稱爲北極星。那無疑是我在臺灣的青春生活中，不可或缺的一頁。

在還沒有「北方」這個詞彙出現的遠古時代，漂泊在汪洋大海上的旅人們肯定也是以北方當作目標。這讓我對北方抱有一份浪漫情懷。在回家路上，睡意襲來，我們笑著說：「感覺明天要被老師罵了。」

　　唐突だが、僕が北の方角を意識するようになったのは、音楽が原因だ。アメリカの兄弟バンド We Three ／ Heaven's Not Too Far。癌で余命 4 ヶ月と宣告された母が、他界前に書いた手記の言葉で歌詞が構成されており、「I'm in a hurry, I've got to move up north（少しの間、北に行く）」とある。（アメリカや州、又は地域の考え方なのか、個人の考え方なのかは調べても出てこないが。）

　　人が死んだら北に行くのだろうか？北に行けば、昔別れた友達やお婆ちゃん、お爺ちゃんに会えるのかもしれない。僕の「北」は、あの曲を聞いてから姿を変えた。

　　台湾の語学学校に通っている時、クラスメートたちとぼくは、翌日の宿題を諦めて、最北端「富貴角燈塔（石門）」へ車を走らせた。都心の街灯も減り、冷たい海風

が吹く中で、星を観察する。大熊座の七つの星・北斗
七。特定の星の名前ではなく、その時々で最も天の北極
に近い明るい星・北極星。紛れもない台湾の青春の一
ページだった。

　かつてまだ「北」と言う言葉ができる遥か昔から、
大海原を旅した人々も北を目指したに違いない。北にロ
マンを感じる。そして、眠気が襲う帰り道、「明日先生
に怒られよう」とぼくたちは笑った。

26

在筆直暢快的道路上一路直線狂飆。
まっすぐで気持ちの良い道をまっすぐ突き進む。

●**無名** · 252 新北市三芝區（25.234874, 121.531483）

27

盡情放眼瞭望遠方。
遠方を視界目一杯遠くまで眺める。

●**無名** · 252 新北市三芝區（25.215675, 121.508603）

28

在當地居民愛戴的麵線名店溫飽肚子和心靈。
地元民に愛される麵線の名店で、お腹も心も温まる。

●頂鶴專業麵線創始店 · 252 新北市三芝區中興街二段 66 號

29

在彷彿身處歐洲巷弄般香氣四溢的店裡，度過一段
奢華時光。

●**對味生活 right way life**・252 新北市三芝區中興街二段 24 號

欧州の小道にあるような、香ばしい香りが漂うお店で、贅沢なひととき
を過ごす。

三芝尋旅

山海戀櫻

Explore Sanzhi for
Mountains, Sea and Cherry Blossoms

30

在特別上鏡的三芝遊客中心賞花。

●三芝遊客中心・252 新北市三芝區埔坪里埔頭坑 164-2 號

フォトジェニックな三芝の観光案内センターで、花見をする。

31

開發一個能拍攝出水面如鏡子般反射倒影的景點。

鏡のように、水に反射する景観が撮れる場所を開拓する。

●三芝田心子 ‧ 251 新北市三芝區興華里奎柔山路（北八鄉道 4.5 公里處）

32

一邊眺望北海岸的美景，一邊享用極品巧克力。

北海岸を眺めながら絶品チョコレートを堪能する。

● **TERRA by the Sea 土然巧克力淺水灣店**・252 新北市三芝區 45-14 號 2 樓

NITRO CHOCOLATE
HOT CHOCOLATE
SPARKLING DRINK
COFFEE LATTE
AMERICANO
HERBAL TEA
DESSERT
PARFAIT

33 前往用貝殼建造的寺院參拜。
貝殻で作られた寺院に参拝する。

●**富福頂山寺**·253 新北市石門區富基里崁仔腳路 99 號

34

與柴犬一起在港口散步。
柴犬と港口を散歩する。

●**麟山鼻木棧道** · 253 新北市石門區德茂里（25.282797, 121.510447）

35

將石門的夕陽烙印在雙眼和相機鏡頭裡。
石門の夕焼けを目とフィルターに焼き付ける。

●麟山鼻漁港 · 253 新北市石門區德茂里　（25.2839915, 121.5102911）

36

穿越由大自然經年累月雕琢出的北海岸洞穴。

長い時間を経て自然が作り上げた北海岸の洞穴を通る。

石門洞・253 新北市石門區中央路（台 2 省道 28.7 公里處）

37

渡過一座令人驚心動魄的橋梁。

非常にエキサイティングな橋を渡る。

●**石門拱橋**．253 新北市石門區中央路（25.297260, 121.568457）

38

造訪北海岸彷彿龍宮般的寺院。
竜宮城のような北海岸の寺院を訪れる。

石門洞五龍宮 · 253 新北市石門區中央路 37-2 號

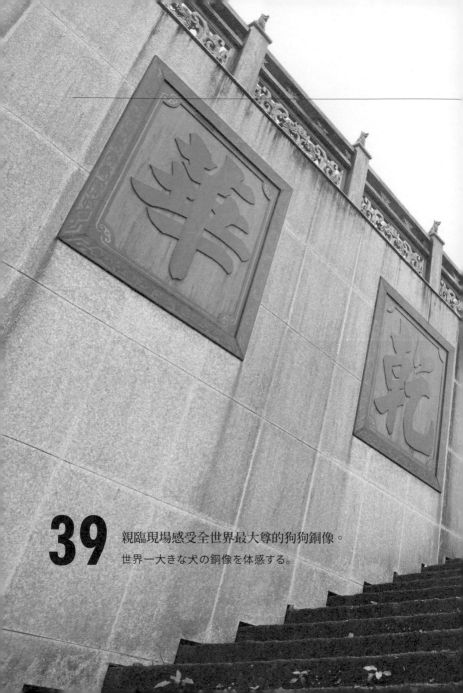

39 親臨現場感受全世界最大尊的狗狗銅像。
世界一大きな犬の銅像を体感する。

40

大啖吃過一次就難以忘懷的 19 元肉粽與乾麵。
一度食べたら忘れられなくなる 19NT の粽と乾麺を食す。

●劉家肉粽富基店 · 253 新北市石門區崁子腳路 58-18 號

41

感受巨大的愛。
大きな愛を感じる。

● 幸福雙心公園 · 253 新北市石門區 64-1 號

42

捕捉鏡面玻璃映射出的美麗彩影。
ミラーガラスに反射した美しい影を捉える。

●幸福雙心公園 · 253 新北市石門區 64-1 號

43

誤闖迷宮。

迷宮に迷い込む。

●**老梅迷宮**· 253 新北市石門區（25.292004, 121.539562）

44

在臺灣最北端打卡。

最北端にチェックインする。

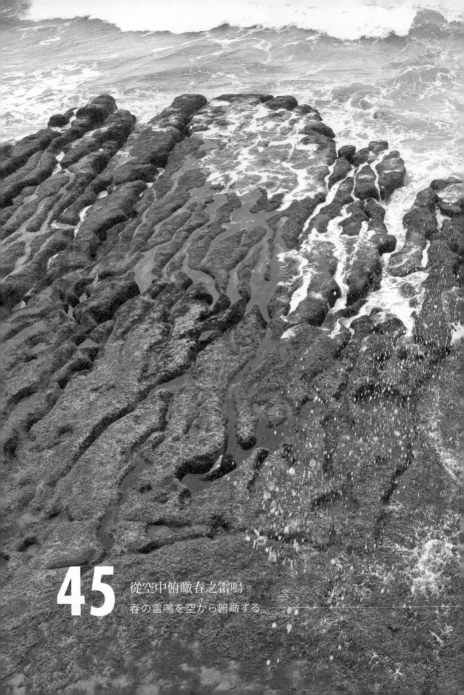

45 從空中俯瞰春之雷鳴。
春の雷鳴を空から俯瞰する。

老梅石槽　253 新北市石門區老梅社區沿海（老梅沙灘觀景亭 25.295515, 121.538964）

46

感受北海岸。
北海岸を感じる。

無名 · 253 新北市石門區（25.294057, 121.538577）

47

在由學校重新裝潢而成的咖啡店中小憩片刻。
リノベーションされた学校のカフェで一息つく。

● **白日夢 Tea & Café** · 253 新北市石門區阿里荖 47-2 號

48

與貓貓和狗狗一同度過悠閒寧靜的假日。
猫と犬と、平和な休日を過ごす。

●**白日夢 Tea & Café** · 253 新北市石門區阿里荖 47-2 號

49

隨著美麗的芒草在風中搖曳。
美しいススキと共に風に吹かれる。

50 活出青春。
青春する。

●李芑豐古宅．208 新北市金山區清水路 21 巷 3 號

51

造訪保存至今的珍貴歷史建築。

現代に残る貴重な歴史的造物を訪れる。 ———

●**李芑豐古宅**・208 新北市金山區清水路 21 巷 3 號

52

在被豐富大自然環抱的山中農場裡與溫馴親人的
動物玩耍。

●**鹿羽松牧場**・208 新北市金山區（25.239188,121.599389）

豊かな大自然に囲まれた山上農場で人懐っこい動物たちと戯れる。

53 在草山（陽明山）遠眺浮現在雲端上的群山。
草山（陽明山）で雲に浮かぶ山々を眺める。———

●**獅子望圓山** · 208 新北市金山區金包里大路（25.170606, 121.582654）

54 爲發現可愛人孔蓋留下紀錄。
可愛いマンホールを見つけた証を記録する。

●**金山威靈宮三府王爺**· 208 新北市金山區豐漁村 6 鄰民生路 146 號

55

在神祕海岸目睹神祕現象。

神秘海岸で神秘を目撃する。

神祕海岸 · 208 新北市金山區公園路金山海濱公園（25.229222, 121.653138）

56

在生意興隆的店家購買金山土產。
人気沸騰中の金山土産を購入する。

●**金山老街阿玉蔴糍** · 208 新北市金山區金包里街 65 號

57

挑戰可食用的聖誕樹（抹茶蒙布朗）。

食べられるクリスマスツリー（抹茶モンブラン）に挑戦する。

●金山紅紅地瓜乳酪蛋糕專賣店 · 208 新北市金山區金包里街 40 號

58

在金山大碗石頭火鍋店飽餐一頓。

金山大碗石頭火鍋でお腹を満たす。

●金山大碗石頭火鍋 · 208 新北市金山區中山路 170 號

59

感受巨大芋圓帶來的幸福。

巨大な芋丸で幸せになる。

●金山芋圓王・208 新北市金山區民生路 204 號

60

和朋友分享高 CP 值的 3 種冰淇淋。

CP 值が高い 3 種のアイスクリームを友人とシェアする。

●雪豹冰城・208 新北市金山區金包里街 54 號

61

在金山老街排隊購買必吃的肉包。
金山老街で絶対食べたい肉まんの行列に並ぶ。

●**金山王肉包** · 208 新北市金山區中山路 237 號

62 品嘗網路上引起話題的巨無霸海鮮米粉。
ネットで話題の特大海鮮ビーフンを食す。

●第一鍋海鮮鍋燒 · 208 新北市金山區金包里街 130 號

63

在石碑前喝一杯冰拿鐵歇息片刻。
石碑の前でアイスカフェラテ休憩をする。

金山雨石碑・208 新北市金山區台 2 線（25.274724, 121.620338）

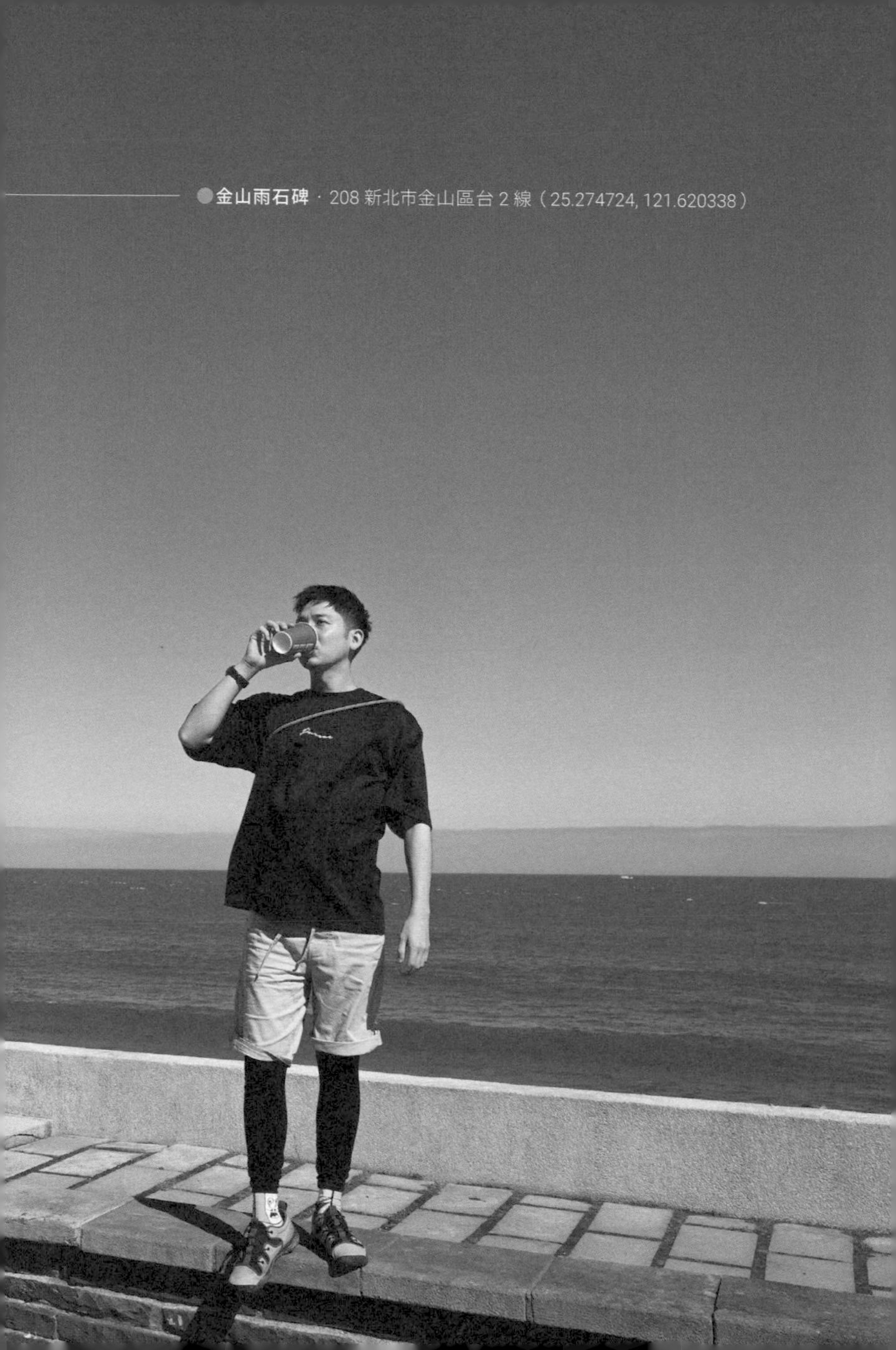

64

歇腳片刻，仰望如流星般的飛機雲。
流れ星のような飛行機雲に、しばし足を止める。

●**金山雨石碑** · 208 新北市金山區台 2 線（25.274724, 121.620338）

65

淨化心靈。
心を浄化する。

● **法鼓山世界佛教教育園區** · 208 新北市金山區法鼓路 555 號

66

在臺灣最美麗的公車站眺望海景，駐足片刻。
台湾で最も美しいバス停で、海を眺めながらたたずむ。

●**跳石海景公車站牌** · 208 新北市金山區北部濱海公路（25.257541, 121.633468）

67

獨享房間內的包場溫泉以及窗外大自然的美景。
部屋の貸切温泉と窓から見える大自然の景色を堪能する。

●**沐舍溫泉渡假酒店** · 207 新北市萬里區加投路 166-1 號

68

泡免費足湯暖和身心。
無料足湯で心も身体も温まる。

●**大鵬足湯公園**・207 新北市萬里區加投路 81 號

69 從空中俯瞰野柳之大海。
野柳の大海を空から俯瞰する。

●萬里駱駝峰・207 新北市萬里區漁澳路（25.202981, 121.694533）

70

見證美麗的大自然藝術品——女王頭。

美しい自然の芸術品・クイーンヘッドを目視する。

●**野柳女王頭**·207 新北市萬里區港東路 167-1 號（野柳地質公園）

71

品嘗被當地人叮囑「絕對要吃」的玉米。

「絶対食べて」と念を押されたとうもろこしを試す。

●**知味鄉玉米**・207 新北市萬里區 14-3 號（台 2 號線）

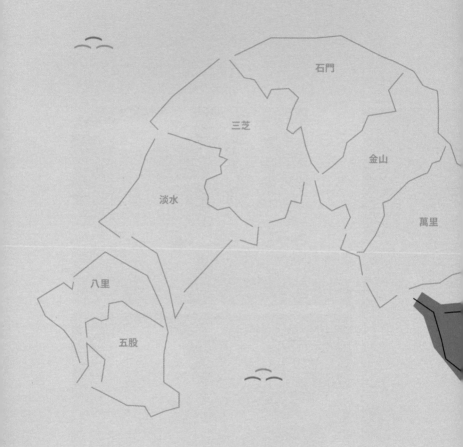

KEELUNG 基隆

新芽

───

新芽

基隆

　　遠方傳來起航的鳴笛聲。

　　身為島國的臺灣，大部分的縣市都能眺望到大海，但幾乎沒有一處像這裡的大海如此身負重任。對船夫來說，基隆港是臺灣的玄關口，也是起始的地方。人、物資、歷史和文化都通過這裡，將臺灣與世界連結在一起。而我也曾經選擇這個地方作為出發點。

　　2017 年 1 月 1 日清晨 5 點，我穿得很保暖，在潮境公園的車裡喝著熱騰騰的咖啡。在日本時，我會依照慣例前往淺草寺或龜戶天神參拜，但畢竟我現在在臺灣。在我開始展開這輩子一定要體驗一次的國外生活後，第一次的跨年，就變成了一件意義重大的活動。

上午 6 時 33 分。

到了日出時間。

卻沒見到太陽。

　　這讓我想起，朋友經常跟我說：「基隆很常陰天喔。」我想著至少要留下來過的證據，下去沙灘打算拍照時，我的影子拉長了。那是一道不禁想要用手遮擋光線的耀眼日出，照耀著我腳下的海水與我的心靈。今年一定會是很棒的一年。

　　這裡是海洋都市──基隆。這裡傾盆降下的雨水，滋潤著草木，耕耘著森林，孕育出各種生命。而所到之處，萌生的新芽將繼續支持著臺灣。

　　出航の音がする。

　　島国の台湾は、大部分の県から海を眺めることがで
きるが、ここまで海が大事な役割をもっている県はあ
まりない。船乗りにとって、台湾の玄関口である基隆港
は、始まりの場所。人や物資、歴史や文化までがここを
通過し、台湾と世界を繋げてきた。そして、僕もこの場
所を出発点に選んだ過去がある。

　　2017 年 1 月 1 日早朝 5 時、僕は厚着をして、潮境
公園の車で温かいコーヒーを飲んでいた。日本にいた
頃、恒例行事として浅草寺や亀戸天神にお参りしていた
が、なにせ、僕は今台湾にいる。死ぬまでに一度はした
かった海外生活、はじめての年越し。それは、ビッグイ
ベントへと変化していた。

午前 6 時 33 分。

日の出の時間だ。

太陽は、見えない。

「基隆は雲が多いよ。」そういえば、友達がよく言ってたことを思い出す。せめて、ここに来た証を写眞に収めようと砂浜に下りた時、僕の影が伸びた。手で光線を遮りたくなるような眩しい日の出だった。足元の水と僕の心を照らす。きっと、いい年になる。

ここは、海洋都市 ・ 基隆。ここに降り注ぐ雨は、草木を輝かせ、森を耕し、さまざまな生命を育む。そして、至る所で、生まれた新芽がまた台湾を支えていくんだ。

72

在基隆外島上打卡！
基隆の島にチェックインする！

●**基隆島燈塔** 202 基隆市中正區基隆嶼（25.192905, 121.78656）

73

目送從基隆港啓程航向世界各地的貨船。
基隆港から世界に出発する貨物船を見送る。

● 基隆港 · 200 基隆市仁愛區忠一路

74

用全身上下感受基隆大螢幕影片（有日文版）的
文字與影像。

山と海が交わ

基隆の大型映像（日本語あり）の文字と映像を、
全身で味わう。

ら基隆北海岸は

75

毫不在乎旁人的眼光，大啃石花凍冰棒。
人目を気にせず、アイスゼリーにかじりつく。

和平島地質公園 · 202 基隆市中正區平一路 360 號

76

在忘幽谷忘卻市中心的喧囂。
忘幽谷で雑踏を忘れる。

●**忘幽谷**・202 基隆市中正區（25.145840, 121.195761）

77

在奇岩感受海風。
奇岩で海風にあたる。

潮境公園．202 基隆市中正區北寧路 369 巷 61 號

78

從潮境公園眺望在雲隙光照射下的九份。
雲の隙間から差し込む光が照らす九份を、潮境公園から眺める。

79

漫步參觀國立海洋科技博物館。

国立海洋科技博物館を散策する。

●國立海洋科技博物館 · 202 基隆市中正區北寧路 367 號

80

在里山食堂拍攝極品海鮮料理的 IG 網美照。

里山食堂で絶品海鮮料理で、インスタ映えを狙う。

●**里山食堂**・202 基隆市中正區北寧路 367 號（海洋科技博物館海洋劇場 1 樓）

81

逛逛菜市場。
菜市場を練り歩く。

82

嚕嚕小吃（油飯和肉丸）解解饞。

小腹を B 級グルメ（油めしと肉丸）で満たす。

●八斗子信三肉圓 · 202 基隆市中正區調和街 8 號

83

一邊游泳一邊拍攝清澈見底的海中。
泳ぎながら透き通る海中を撮影する。

●**基隆市海興游泳協會**‧203 基隆市中山區協和街 230 號

213

84

巡禮全新的基隆觀光勝地。
新しい基隆の観光名所を巡る。

基隆塔・202 基隆市中正區義二路 130 號

85

大啖基隆夜市美食A。

基隆夜市を食すA

●**王記天婦羅**‧ 200 基隆市仁愛區仁三路 60 號左前（第 16 號攤位）

86

大啖基隆夜市美食B。

基隆夜市を食すB

●**小陳米粉湯**‧ 200 基隆市仁愛區仁三路（第 6 號攤位）

87

大啖基隆夜市美食 C。

基隆夜市を食す C。

●全家福元宵 · 200 基隆市仁愛區愛四路 50-1 號

88

大啖基隆夜市美食 D。

基隆夜市を食す D。

●吳家鼎邊趖 · 200 基隆市仁愛區仁三路 27-1 號（攤位編號 27-2 號）

89

大啖基隆夜市美食 E。

基隆夜市を食す E。

●麵線羹 · 肉圓 · 200 基隆市仁愛區仁三路 50 號 (第 38 號攤位)

90

盡情品嘗芋泥球。

タロイモボールを食べ尽くす。

●連珍糕餅店・200 基隆市仁愛區愛二路 42 號

91

去看色彩繽紛的基隆港。
カラフルな基隆の港に会いに行く。

正濱漁港 - 彩色街屋 · 202 基隆市中正區正濱路 72 號

92 在彷彿電影場景般的基隆公車站等待黃昏來臨。
映画のワンシーンに出てきそうな基隆のバス停で黃昏る。

正濱漁港觀景台 · 202 基隆市中正區正濱路 84 號

93

品嘗位於港口裡的絕品刨冰。
港にある絶品かき氷を食す。

●**海那邊小食堂** · 202 基隆市中正區中正路 529 號

225

94

努力尋找祕密基地般的地方。
秘密基地のような場所を探し出す。

●**白米甕砲台** · 203 基隆市中山區太白里光華路 37 巷 132 號旁高起台地

95

從白米甕尖到基隆燈塔的小徑散步。
白米甕尖から基隆燈塔までの小道を歩く。

●**基隆燈塔**‧203 基隆市中山區光華路 51

96 卡在位於基隆的全臺灣最狹窄寺院的洞窟裡。
基隆の、台湾一狭い寺院の洞窟に挟まれる。

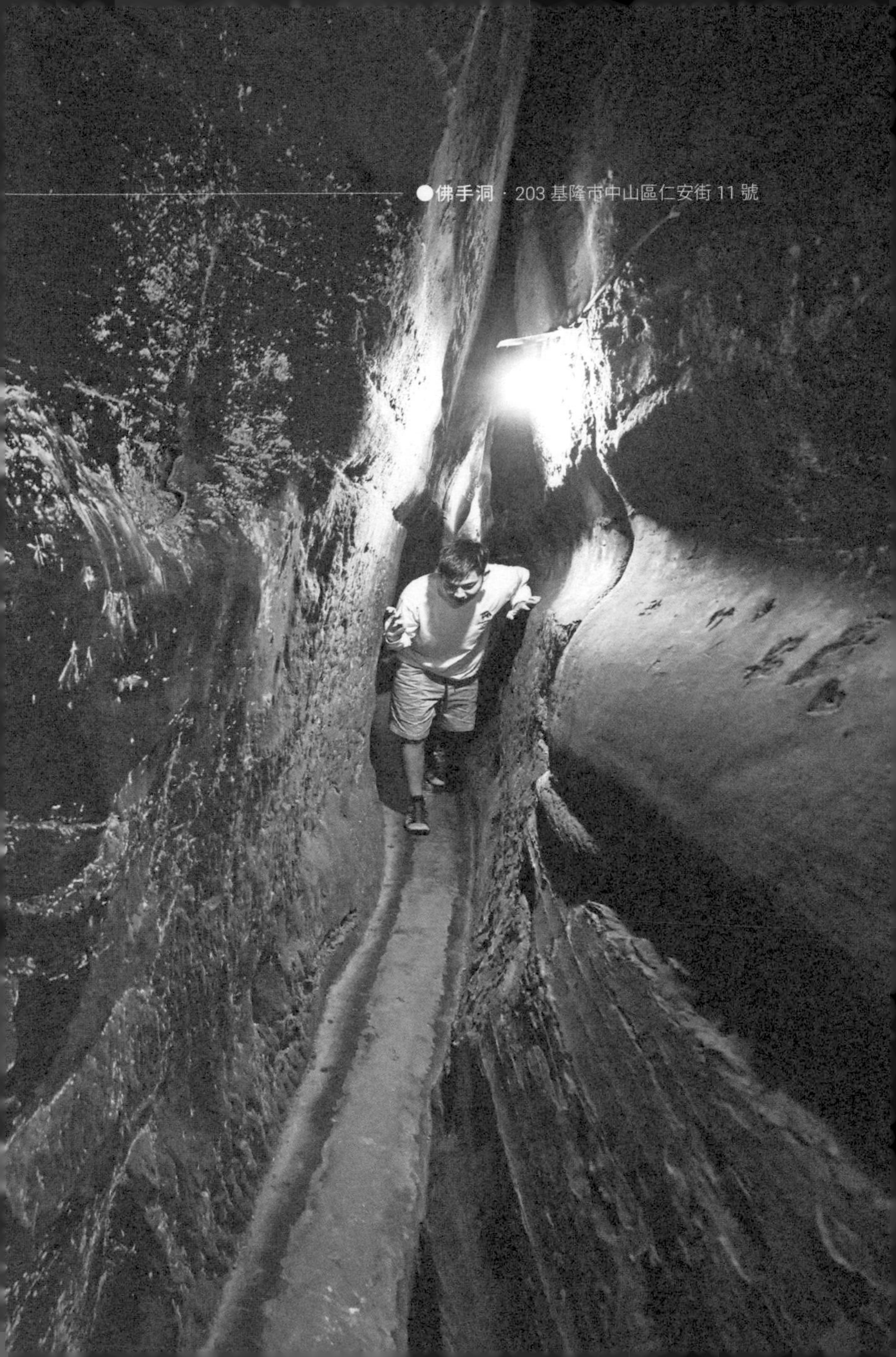
●佛手洞・203 基隆市中山區仁安街 11 號

97

從空中俯瞰和平島。

和平島を空から俯瞰する。

● 和平島地質公園空拍景 · 202 基隆市中正區平一路 360 號

98

記録不夜港都夜景的璀璨光輝。

眠らない港町の夜景の光を記録する。

KE

99 從高處記錄新舊交錯的基隆風景。
新旧交わる基隆の景色を高台から記録する。

虎仔山基隆地標·203 基隆市中山區中山一路 241 巷 45 號

100

下一個地方你想去哪裡呢？

あなたは、次にどこへ行きますか？

●北海岸

Hello Design 叢書 75

皇冠
海岸 **99**

在北海岸
要做的 **99** 件事

時報文化出版公司成立於一九七五年，並於一九九九年股票上櫃公開發行，於二〇〇八年脫離中時集團非屬旺中，以「尊重智慧與創意的文化事業」為信念。

皇冠海岸 99～：在北海岸要做的 99 件事～ = Bucket list of the Crown Coast 99 = 北海岸でしたい 99 のこと～/小林賢伍文字.攝影；林嘉慶翻譯.－初版.－臺北市：時報文化出版企業股份有限公司, 2024.05
240 面；12.8×18.2 公分. -- (Hello Design 叢書；75)
中日對照
ISBN 978-626-396-213-2（平裝）

1.CST: 遊記 2.CST: 北海岸及觀音山國家風景區

733.69
113005399

文　　字	小林賢伍 Kengo Kobayashi
攝　　影	小林賢伍 Kengo Kobayashi
翻　　譯	林嘉慶
製作協力	聯想國際行銷有限公司
美術設計	謝捲子@誠美作 THE HONESTPIECE
校　　對	簡淑媛、林嘉慶
行銷企劃	鄭家謙
副總編輯	王建偉
董 事 長	趙政岷
出 版 者	時報文化出版企業股份有限公司

108019 台北市和平西路三段 240 號 4 樓
發行專線—(02)2306-6842
讀者服務專線—0800-231-705．(02)2304-7103
讀者服務傳真—(02)2304-6858
郵撥—19344724 時報文化出版公司
信箱—10899 台北華江橋郵局第 99 信箱

時報悅讀網　http://www.readingtimes.com.tw
電子郵件信箱　ctliving@readingtimes.com.tw
藝術設計線 FB　http://www.facebook.com/art.design.readingtimes
藝術設計線 IG　art_design_readingtimes
法律顧問　理律法律事務所　陳長文律師、李念祖律師
印　　刷　勁達印刷有限公司
初版一刷　2024 年 5 月 17 日
定　　價　新台幣 450 元
版權所有　翻印必究（缺頁或破損的書，請寄回更換）

贊　　助　acerpure

贊　　助　　※ 本書攝影作品皆使用 NIKON Z6 無反光鏡相機拍攝
　　　　　・Nikon Z 6　・NIKKOR Z 24-70mm f/4 S
　　　　　・NIKKOR Z 14-30mm f/4 S
國祥貿易　・AF-S NIKKOR 105mm f/1.4E ED
　　　　　・Nikon FTZ 轉接環

感　　謝　Ellee Chiang ／林晉億／林嘉慧／侯宜佳／陳怡彤／黃冠倫／梁森灝／視網膜×柚子／鍾伯俞／小林博美

ISBN 978-626-396-213-2　　Printed in Taiwan